ILE DE LA RÉUNION

DISCUSSION
DE LA QUESTION
DES
PAS GÉOMÉTRIQUES
DEVANT
LE CONSEIL MUNICIPAL
DE SAINT-DENIS

TYPOGRAPHIE DE GABRIEL ET GASTON LAHUPPE

RUE DU CONSEIL, 119, A SAINT-DENIS

1870

EXTRAIT

DES DÉLIBÉRATIONS

DU CONSEIL MUNICIPAL DE SAINT-DENIS (RÉUNION)

Séance du 9 Décembre 1878

(Présidence de M. Le Siner, chevalier de la Légion d'Honneur, Maire.)

La parole est à M. Morau pour développer la proposition qu'il a déposée dans la dernière séance. Cette proposition est ainsi formulée :

« Vu l'article 3 § 3 du cahier des charges du chemin de fer de la Réunion, ainsi conçu :

« La Colonie, les Communes et la Métropole, en ce qui la concerne, concéderont gratuitement à la Société, pour l'établissement de la voie et des stations, tous les terrains domaniaux, communaux et militaires, sauf adhésion préalable des Communes et de l'Etat pour ces deux dernières sortes de terrains et acceptation du tracé définitif par les pouvoirs compétents. »

« Vu la délibération du Conseil municipal de Saint-Denis, en date du 31 juillet 1878 et dont voici les conclusions :

« Le Conseil de commune de Saint-Denis décide qu'il ne peut donner son avis sur le tracé du chemin de fer qui lui est soumis, avant que la question de délimitation régulière des pas géométriques et celle de l'indemnité n'aient été tranchées par les pouvoirs compétents. »

« Considérant que le Conseil municipal n'a pas donné son adhésion au tracé définitif du chemin de fer ;

« Que l'on n'a tenu aucun compte au Conseil général des indications du Conseil municipal au sujet de la position de la gare, du passage dans les rues, etc.;

« J'ai l'honneur de proposer au Conseil de se pourvoir auprès de l'Administration pour qu'elle ne donne pas son approbation au tracé définitif du chemin de fer avant que la commune de Saint-Denis ait donné son adhésion à ce tracé en ce qui la concerne.

« Saint-Denis, le 7 Décembre 1878.

« Signé A. Morau. »

M. Morau développe ainsi sa proposition :

Messieurs,

Désigné par mes collègues pour présider la Commission que vous avez nommée pendant votre session extraordinaire de juillet dernier, à l'effet d'examiner le tracé définitif du chemin de fer qui vous était soumis, je me suis fait un devoir, les conclusions du rapport de cette Commission ayant été adoptées par le Conseil, de déposer la proposition dont la lecture vous a été donnée samedi dernier.

J'ai pensé qu'il était digne du Conseil municipal élu par le suffrage universel, de faire respecter ses droits en défendant les intérêts qui lui sont confiés.

Or, ces droits ont été méconnus puisque, contrairement aux stipulations du paragraphe 3 de l'article 3 du cahier des charges du chemin de fer, le tracé définitif à travers nos rues et places, et l'emplacement de la gare ont été adoptés sans votre adhésion. Je n'entrerai pas ici dans tous les détails de cette question, qui a été longuement débattue au sein du Conseil général. Je ne retiendrai de toute la discussion qui s'y est produite que la partie qui m'a paru avoir décidé cette Assemblée à se passer de notre adhésion.

On a élevé des doutes sur la propriété de nos rues et places, lesquelles appartiendraient, dit-on, au domaine colonial.

Cette question est trop grave pour que le Conseil ne l'examine pas avec tout le soin qu'elle mérite, et je suis convaincu qu'il se décidera à prier le Maire de demander à l'Administration si la Colonie entend revendiquer les terrains des rues dont la commune a charge.

J'aurai l'honneur de vous faire une proposition à ce sujet.

C'est surtout à l'égard des rues de l'Embarcadère, des Moulins, du Boulevard Lancastel et de la Place Candide que cette prétention est élevée, sous le prétexte que ces rues sont situées sur les pas géométriques.

Cette autre question des pas géométriques, si souvent controversée, doit arrêter l'attention du Conseil; et il serait temps qu'elle fût tranchée par le Conseil d'Etat, afin que la commune sache s'il en existe dans l'enceinte de la ville et si ces terrains font partie du domaine public, colonial ou communal.

C'est ce que je me propose d'examiner devant vous.

Tout d'abord, je ferai observer qu'aux termes de la loi, les rues situées dans l'enceinte des villes et des bourgs sont du domaine public communal. Avant d'entrer dans la discussion, je crois indispensable de déclarer que je ne suis nullement intéressé dans la question, puisque, comme on le sait aujourd'hui, le tracé du chemin de fer ne peut atteindre mon établissement. Je n'aurai donc en vue, en traitant cette question, que les intérêts de la commune et ceux des contribuables.

Pour arriver à mon but, je suis obligé de remonter un peu haut dans l'histoire de la Colonie, et je prie le Conseil de m'accorder quelques moments d'attention. — La prise de possession de l'île par Pronis date de 1643. De Flacourt en prit de nouveau possession en 1648, pour la Compagnie des Indes, au nom du roi.

De cette époque à 1689, les terres appartenaient au premier occupant. Ce n'est qu'en 1689 que Vauboulon imposa aux concessionnaires une redevance, en faveur de la Compagnie, de 2 porcs, 4 coqs d'Inde ou 12 poules, moitié à Pâques et moitié à la Saint-Martin.

Quelquefois, ce n'était que 100 livres de riz blanc ou 12 citrouilles. Après la découverte du café indigène et l'introduction de celui d'Arabie, on y ajoutait une once de café par arpent.

En 1715, parut une ordonnance enjoignant aux concessionnaires de rapporter leurs contrats au Conseil provincial qui devait leur en donner de nouveaux; et déclarant que s'ils ne mettaient pas leurs terres en valeur, dans un délai déterminé, elles feraient retour au domaine de la Compagnie pour être distribuées à d'autres habitants.

Tous ces renseignements sont puisés dans l'histoire de la Colonie par notre regretté compatriote, Georges Azéma, et sont de la plus grande exactitude puisqu'il les avait extraits lui-même du greffe de la Cour de cette île. Jusqu'en 1754, il n'est nullement question des pas géométriques; toutes les concessions sont faites du bord de la mer au sommet des montagnes.

C'est sous ce régime, en 1738, que Labourdonnais se détermina à transférer le chef-lieu du quartier de Saint-Paul à celui de Saint-Denis. Ainsi donc les terrains de la ville de Saint-Denis n'ont pu être concédés sous la réserve des pas géométriques, qui n'existaient pas alors.

Nous voici arrivés à l'année 1754, où parut ce fameux règlement de la Compagnie des Indes, qui établit pour la première fois les pas géométriques. Mais avant de vous en donner lecture, permettez-moi de vous faire connaître comment le rapporteur de la Commission du Chemin de fer l'a interprété devant le Conseil général dans sa séance du 10 septembre 1878.

« Messieurs, dit-il, le rapport a avancé qu'il a « toujours existé dans la Colonie, sur tout le litto« ral, une zone de terrains réservés pour des tra« vaux de défense ou des besoins d'utilité publi« que, je vais le prouver: Nous trouvons, en « effet, dans un règlement des administrateurs « de la Compagnie des Indes, du 9 avril 1754, « concernant les concessions à faire aux îles de « France et de Bourbon, des dispositions qui par« lent de la réserve des 50 pas géométriques et « la déclarent partie du *domaine public*. »

Or, voici le texte de ce règlement dont j'ai pu me procurer, aux Archives, une expédition légalisée.

« Article 1er. — Les 50 pas géométriques de « profondeur le long du bord de la mer, ensem-

« ble les bois qui pourraient croître sur les dits « terrains, seront et demeureront parties essen- « tielles et inaliénables du *domaine de la Compa-* « *gnie;* fait en conséquence la Compagnie très- « expresses défenses et inhibitions à ses conseils de « concéder à l'avenir aucun terrain dans les dites « limites, déclare nulles toutes concessions qui « pourraient être faites à l'avenir au préjudice « des dites défenses, ordonne... etc. »

Il est certain que, si le rapporteur de la Commission du Conseil général n'avait pas fait une erreur en employant les mots *domaine public*, à la place de ceux *domaine de la Compagnie*, il n'aurait pu exister de doute à cet égard; les réserves, dites des pas géométriques, auraient bien fait partie du domaine public, en admettant que la Compagnie eût le pouvoir de constituer un autre domaine public que celui prévu par la loi, et, alors, tous les occupants des pas géométriques actuels n'auraient pu revendiquer la propriété de leurs concessions.

Mais, ainsi que je viens de le lire, les réserves stipulées par le règlement de 1754 sont faites au profit de la Compagnie, et ne peuvent constituer un domaine public.

Pour apprécier la valeur de ce document, il suffit d'en lire l'art. 10.

« Article 10. — Ne pourront les concessions « être faites qu'à la charge du cens de 16 poules « ou chapons par chaque habitation de 312 ar- « pents 1/2, et de 32 poules ou chapons pour « chaque habitation de 625 arpents de terre dé- « frichés ou non défrichés, et ainsi, à proportion « des terrains concédés d'une moindre étendue « que celle ci-dessus exprimée, les dites redevan-

« ces payables lors de la demande qui en sera faite « par le Conseil. »

Il est peu probable que les poules et chapons, imposés aux concessionnaires, entrassent dans les coffres de l'Etat. Il est plutôt admissible qu'ils servaient à la table de nos seigneurs les administrateurs de la Compagnie; ce qui indique suffisamment que ce règlement est tout particulier à la Compagnie et qu'il ne peut nous être imposé comme loi d'Etat, ainsi qu'on en a la prétention.

Que résulte-t-il alors de ces réserves? Qu'elles sont prescriptibles et aliénables comme domaine de la Compagnie.

Il aurait fallu, pour en empêcher l'aliénation, qu'en 1767, lors de la reprise de l'île par le roi, un édit royal maintînt ces réserves, en les déclarant domaine de l'Etat, et non domaine public (ce qui aurait été contraire aux dispositions des articles 538 et 540 du C. C.), et en interdît les concessions autrement qu'à titre de permis d'établir.

Or, de 1767 à 1807, époque où fut publié à l'île de France l'arrêté du général Decaen, la plupart des concessions faites sur le littoral étaient consenties sans réserve aucune et portaient la mention *en toute propriété*.

Les dispositions de l'arrêté du général Decaen ne pouvant avoir d'effet rétroactif, il doit s'en suivre que toutes les concessions faites antérieurement à 1807 sur les terrains appelés pas géométriques ont prescrit contre le domaine de la Compagnie, déterminé par le règlement de 1754.

C'est ainsi que l'a entendu le général Decaen lui-même, dans son arrêté de 1807, lorsqu'il dispose, par l'article 7, que toutes permissions d'établissement et titres quelconques de jouissance ou de *propriété* sur les pas géométriques seront représentés par les titulaires à la première réquisition du Directeur du génie, toutes les fois qu'on délimiterait cette partie du littoral.

« Article 7. — Toutes permissions d'établis-« sement et titres quelconques de jouissance ou « de *propriété* sur la réserve des pas géométriques « seront représentés par les titulaires à la pre-« mière réquisition du Directeur du génie.

« Les permissions d'établissement et titres « quelconques de jouissance sur les autres réser-« ves seront de même représentés par les titu-« laires à la première réquisition du Directeur « des Ponts et Chaussées. »

C'est aussi dans le même sens que l'a compris M. de Freycinet, commandant pour le roi en 1821, en rendant l'ordonnance qui oblige les propriétaires situés au Butor, sur la partie des pas géométriques, à produire leurs *titres de propriété*.

En effet, voici ce que nous lisons dans cette ordonnance :

« Nous Louis-Henri Desaulses de Freycinet, etc.

« Vu la nécessité d'établir avec exactitude, « près la place Saint-Denis, les limites des pas « géométriques et celles de leurs annexes pour « procéder ensuite à des travaux d'utilité publi-« que,

« Avons ordonné et ordonnons ce qui suit :

« Article 1er. — *Tous possesseurs de terrains* « compris dans l'espace borné au Nord, par la « mer ; à l'Est, par le ruisseau du Butor ; au Sud, « par le Grand-Chemin ; *à l'Ouest, par la Ville* « *de Saint-Denis*, sont tenus de produire au Con-

« trôle colonial, et dans le délai de quinzaine à
« partir de ce jour, les titres en vertu desquels
« *ils possèdent les dits terrains.*

« Ne sont pas exclus de cette obligation les
« propriétaires des maisons situées dans l'espace
« ci-dessus déterminé, lesquels devront égale-
« ment justifier de leurs droits à *posséder les em-*
« *placements* sur lesquels ces maisons sont cons-
« truites.

« Art. 2. Le défaut de production des titres
« dans le délai prescrit sera considéré comme un
« aveu d'indue *possession*, d'après lequel le Gou-
« vernement s'emparera des dits terrains pour y
« établir des constructions ou les mettre en cul-
« ture.

« Art. 3. *Tous possesseurs* actuels qui, après
« avoir négligé de se conformer aux dispositions
« ci-dessus, viendraient subséquemment à faire
« preuve de *propriété*, seront tenus d'indemniser
« le Gouvernement des dépenses quelconques
« qu'il aurait faites par rapport à leurs terrains,
« lesquels ne leur seront restitués qu'après l'en-
« tier remboursement de ces dépenses.

« Art. 4. Le Commissaire de marine, chargé
« des détails du service administratif, et le Con-
« trôleur colonial sont chargés, etc. »

Voilà, Messieurs, comment on procédait en 1821, sous l'empire des dispositions de l'arrêté du général Decaen, rendu 14 ans auparavant, lorsqu'il s'agissait de faire déguerpir, comme on le dit aujourd'hui, des pas géométriques, pour cause d'utilité publique; on respectait les propriétés des occupants des pas géométriques qui produisaient leurs titres et on rendait celles dont le Gouvernement s'était emparé, lorsque les titres étaient produits tardivement, moyennant remboursement des dépenses faites sur ces terrains par le Gouvernement. Il est vrai qu'il ne s'agissait pas alors de la puissante Compagnie Lavalley devant laquelle, semble-t-il, toute considération doit disparaître, même le droit de propriété inscrit dans toutes nos constitutions.

Je ferai remarquer que, dans l'ordonnance de 1821, il n'est question que des terrains situés à l'Est de la ville de Saint-Denis ; ce qui impliquerait que, pour le gouvernement de cette époque, il n'existait pas de réserves des pas géométriques dans l'enceinte de la ville de Saint-Denis, ainsi que nous le pensons nous-même, puisque, selon nous, la création d'une ville remplit les conditions d'utilité publique, en vue desquelles les réserves des pas géométriques ont pu être créées.

Pour terminer, j'emprunterai à de Nanteuil, dans son exposé sur le domaine colonial et dans la législation qui suit cet exposé, les éléments qui serviront à mes conclusions :

« 1. Pendant longtemps, le domaine colonial, « dit de Nanteuil, a été fort restreint. Ce n'est « que depuis 1826 qu'il s'est enrichi de presque « toutes les propriétés qui appartenaient auparavant à l'État ou au Roi.

« 2. L'ordonnance royale du 26 janvier 1825, « mit à la charge de la Colonie les dépenses de « son service intérieur (à l'exception de celles de « la guerre et de la marine), mais elle lui fit abandon de tous ses revenus locaux.

« 3. L'ordonnance du 17 août 1825 fit aussi « abandon de tous les noirs et objets mobiliers « attachés aux différentes branches du service « colonial, ainsi que des établissements publics

« de toute nature et des *propriétés domaniales* qui « y existaient.

« 4. Toutefois, les bâtiments militaires (à l'ex- « ception des hôpitaux), les fortifications, les bat- « teries, forts et autres ouvrages sont restés pro- « priété de l'Etat.

« 5. Les ordonnances organiques des 21 août « 1825 et 22 août 1833, ne contenaient que quel- « ques dispositions au sujet des échanges, alié- « nations ou concessions des biens du domaine « colonial.

« Aucune loi n'avait réglé le mode des aliéna- « tions et des concessions, ni celui des poursuites « à exercer contre les acquéreurs en retard de « payer ; de là pouvait résulter un préjudice pour « la colonie et même pour les tiers.

« 6. Le Conseil colonial a comblé cette lacune, « d'abord par un premier décret du 26 décem- « bre 1836, ensuite par un second du 5 août « 1839, qui a été sanctionné par le Roi le 27 « avril 1841. Cette dernière loi locale est la « seule qui régisse la matière. On doit y joindre « néanmoins quelques dispositions de l'ordon- « nance organique du 21 août 1825, bien que la « plupart d'entre elles soient reproduites dans le « décret colonial.

« 7. Les biens qui font partie du domaine co- « lonial sont, comme les biens de l'Etat et des « communes, soumis aux règles de la propriété. « Ils sont, dès lors, susceptibles d'une propriété « privée et de la prescription.

« 8. La direction du domaine exerce une au- « torité de surveillance et de gestion sur les biens « qui composent le domaine colonial ; mais le di- « recteur de l'intérieur est seul investi du pou- « voir de les administrer. Il lui appartient donc

« de poursuivre ou de défendre les droits de pro-
« priété. »

Comme vous le voyez, Messieurs, l'ordonnance royale du 25 janvier 1825 mit à la charge de la Colonie les dépenses de son service intérieur, à l'exception de celles de la guerre et de la marine, mais elle lui fit abandon de tous ses revenus locaux, et l'ordonnance du 17 août de la même année lui fit aussi abandon de tous les noirs et objets mobiliers attachés aux différentes branches du service colonial, ainsi que des établissements publics de toute nature et des *propriétés domaniales* qui y existaient, à l'exception des bâtiments militaires, des fortifications, des batteries, forts et autres ouvrages qui sont restés propriétés de l'Etat.

Parmi les réserves faites par l'Etat on voit figurer les fortifications, batteries et forts qui font partie essentielle du domaine public; mais il n'y est pas fait mention des pas géométriques qui, ayant été considérés comme propriétés domaniales de l'Etat, ont été concédés à la Colonie. C'est en vertu des dispositions des ordonnances royales des 26 janvier et 17 août 1825 qu'est intervenu le décret colonial du 5 août 1830, qui a été sanctionné par le Roi le 27 avril 1841 et qui est la dernière loi et la seule qui régisse la matière.

Or, ce décret a maintenu dans le domaine colonial les terrains inaliénables, ceux dont l'aliénation ne peut avoir lieu qu'à titre onéreux et ceux qui peuvent être aliénés ou concédés gratuitement.

Telle est la loi actuelle, qu'on ne peut modifier sans un décret. C'est ce qui a donné lieu à l'observation suivante de de Nanteuil :

« Ces réserves, dites des *cinquante pas géomé-*
« *triques*, ne dépendent, à notre avis, ni du do-
« maine de l'Etat, ni de celui de la colonie, mais
« uniquement du *domaine public*. C'est donc mal
« à propos qu'elles auraient été comprises parmi
« les biens du domaine colonial, par le décret du
« 5 août 1839. Ce point n'est pas indifférent, car
« si les réserves des bords de la mer font partie
« du domaine colonial, on doit admettre qu'elles
« sont susceptibles d'une propriété privée et de
« prescription. Il en serait de même si elles dé-
« pendaient du domaine de l'Etat (C. Nap., art.
« 541 et 2227); en les maintenant, au contraire,
« dans le domaine public, elles cessent d'être
« asservies aux règles de la propriété privée. »

De Nanteuil ne fait que donner son avis; mais il reconnaît que, d'après la législation actuelle, les pas géométriques ne peuvent faire partie que du domaine colonial. Il aurait préféré qu'ils fussent maintenus dans le domaine public pour cesser d'être asservis aux règles de la propriété privée. Mais ce n'est qu'un simple vœu qui ne suffit pas pour modifier la loi qui nous régit.

Je crois avoir suffisamment démontré que les pas géométriques, d'après notre législation, font partie du domaine colonial, là où ils existent.

Le décret colonial de 1839 en a défendu l'aliénation à titre définitif, comme l'arrêté du général Decaen de 1807. Mais il ne s'en suit pas moins que tous les propriétaires de terrains situés sur le littoral, en vertu de titres réguliers, possèdent ces terrains à titre privé et ne peuvent être expropriés autrement que par la voie légale, pour cause d'utilité publique.

Par conséquent, nos rues et places, aussi bien

celles situées dans l'intérieur de la ville que celles existantes sur les pas géométriques, font parfaitement partie du domaine public communal puisque, d'une part, la création de la ville de Saint-Denis remontant à 1738, il suffirait d'invoquer la prescription contre le domaine de la Compagnie pour l'établir, si déjà l'arrêté du commandant Freycinet de 1821 ne faisait ressortir qu'il n'existe pas de pas géométriques dans l'enceinte de la ville de Saint-Denis; et que, d'autre part, aux termes de la loi, les rues, dans l'enceinte des villes et bourgs, font partie du domaine public communal. C'est donc à tort que le Conseil général a adopté le tracé définitif à travers les rues de la ville de Saint-Denis, sans l'adhésion du Conseil municipal, mesure prise en violation de l'art. 3 § 3 du du cahier des charges du chemin de fer et contre laquelle je prie le Conseil de protester, conformément à la proposition que j'ai déposée.

J'ai l'honneur de soumettre, en outre, au Conseil la proposition suivante :

« Dans la discussion qui a eu lieu au Conseil général, au sujet du tracé définitif du chemin de fer, la propriété des rues de la ville a été contestée à la commune de Saint-Denis, d'après un document émané, dit-on, du service des domaines.

« Comme il importe extrêmement à la municipalité d'être fixée sur la propriété des rues, places et boulevards dont elle a charge, j'ai l'honneur de proposer au Conseil de prier M. le Maire de demander à l'Administration si le moindre doute existe à ce sujet et si la Colonie entend revendiquer les terrains de ces voies publiques. »

M. Drouhet ne prend pas la parole pour discuter une question qui n'est pas de la compétence du Conseil, mais pour expliquer son vote. L'argumentation de M. Morau tend à démontrer qu'il y a des propriétaires et de simples permissionnaires sur les pas géométriques.

— Nul ne le conteste. — C'est à celui qui se dit, qui se croit ou est propriétaire, à faire valoir ses droits. Il lui semble inutile d'entrer dans une étude approfondie de la loi, pour arriver à savoir si les pas géométriques appartiennent à telle ou telle catégorie du domaine. Le Conseil municipal n'en peut tirer aucun profit, vu son incompétence. M. Drouhet ne discute donc pas cette question. Il n'a pas non plus à rechercher si les rues, squares et places sont du domaine public ou appartiennent à la ville.

Le but de la proposition de M. Morau est d'engager l'Administration à s'opposer au passage du chemin de fer sur le territoire de la commune de Saint-Denis, celle-ci n'ayant point donné son adhésion. A cela M. Drouhet répond que le rapport de la Commission municipale n'a pas conclu, mais qu'en définitive il était complet, et l'on peut dire que le Conseil, en l'adoptant, a donné implicitement son adhésion. Quel but poursuit-on? Est-ce d'obtenir une indemnité pour la ville?

Personne n'a contesté ce droit ni pour elle ni pour quiconque se croit lésé dans ses droits de propriétaire. C'est une réserve qui a été faite; dans la discussion qui a eu lieu au Conseil général, il a été déclaré que celui-ci ne pouvait donner gratuitement le domaine de l'Etat, ni le domaine communal; que la gratuité ne s'appliquait qu'à ce qui appartient à la Colonie. Que le Conseil général ait passé outre aux observations du Conseil municipal de Saint-Denis, concernant le Boulevard Lancastel et les rues de l'Embarcadère et des Moulins, traversés par le chemin de fer, c'était son droit et son droit absolu, car, aux termes du sénatus-consulte de 1866, art. 1er et 8, il décide souverainement en cette matière. Venir dire à l'Administration de ne pas approuver le tracé du chemin de fer, c'est lui demander l'impossible.

M. MORAU. — Le Conseil général n'avait pas le droit de donner au cahier des charges un autre sens qu'il n'a.

M. DROUHET. — L'Administration n'a pas le droit, dans son opinion, de modifier le vote du Conseil général, et le Conseil municipal, lui, n'avait pas à subordonner son avis à la délimitation des pas géométriques faite à nouveau, cette question ne le regardant en aucune manière. Que cette opération ait été bien ou mal faite, le Maire a été invité officiellement à prévenir les intéressés.

Si M. Drouhet, averti à temps, avait assisté à la séance où le Conseil municipal a délibéré sur le tracé du chemin de fer, il aurait fait connaître son avis, aux risques de froisser les intérêts privés.

M. MORAU interrompt M. Drouhet pour lui rappeler qu'en commençant il a pris soin de déclarer qu'il n'était nullement intéressé dans la question des pas géométriques, la voie ferrée ne devant plus passer sur son établissement comme il en était menacé d'abord.

M. DROUHET répond qu'il entend parler de tous les occupants des pas géométriques, M. Morau comme les autres, qui ont un intérêt évident sinon dans le présent, du moins dans l'avenir lorsque le port sera créé. Puis, continuant, il dit que, si la commune a un intérêt à contester la délimitation des pas géométriques, elle n'a qu'à procéder régulièrement, mais que le Conseil municipal prétendrait à tort s'abstenir de donner son avis tant qu'une autre délimitation ne serait pas faite.

Le Conseil général n'a pas compris qu'on pût subordonner ainsi son avis à quelque chose qui ne dépend ni de la Compagnie, ni de lui-même. Le Maire a reçu l'avis que l'on procédait à la délimitation ; c'est de son intermédiaire qu'on s'est servi pour prévenir tous les occupants, ce qu'ont fait les Maires de Saint-Paul et de Saint-Benoît.

Si M. Drouhet avait été propriétaire ou permissionnaire, il se serait occupé de s'assurer que l'opération était bien faite. A-t-on intenté une action à l'Etat?

M. Cologon dit qu'il a protesté, non pour lui-même, car il est en dehors des pas géométriques, mais pour des occupants.

M. Drouhet répond qu'il a vu les signatures de tous ceux dont parle M. Cologon au bas des procès-verbaux d'abornements.

M. Cologon. — On a surpris leurs signatures.

C'est à tort que son collègue avance qu'il n'y a pas eu de protestation ; celle qu'il a faite collectivement pour plusieurs occupants visait principalement le point de borne, au coin de la rue de l'Est et de la rue de la Réunion. Il a rappelé cette circonstance à M. Echernier, qui lui a répondu qu'on aviserait.

Il défie MM. Echernier et Naturel de dire qu'il n'a pas protesté.

M. Drouhet. — On n'a pas protesté régulièrement; mais dans tous les cas, on est toujours à temps pour réclamer.

M. de Lescouble pense que, non-seulement les procès-verbaux ne sont pas réguliers, mais il est persuadé qu'ils ont été faits après coup et pour les besoins de la cause, alors qu'on était averti de la faute commise par le rapport de la Commission municipale sur l'affaire du chemin de fer. En effet, rien ne lui prouve que les signatures qui figurent sur ces procès-verbaux soient valables. Dans tous les cas, on chercherait en vain au greffe les duplicata qui devraient y être: la date d'enregistrement indiquerait d'une manière certaine à quelle époque ils ont été dressés.

Quoi qu'on puisse dire, M. de Lescouble soutient que ces procès-verbaux sont nuls, attendu qu'ils n'ont pas été faits suivant les prescriptions de la loi, qui veut qu'on les rédige contradictoirement avec les propriétaires limitrophes, en triple expédition, dont l'une est déposée au greffe. De plus, il y a la sanction finale, c'est-à-dire l'arrêté du Gouverneur homologuant le travail, lequel arrêté n'a pas été pris.

Donc la délimitation des pas géométriques, en ce qui concerne le territoire de la commune de Saint-Denis, n'a pas été établie d'une manière légale; elle est à recommencer et c'est la réserve que M. de Lescouble veut faire au nom de la commune.

M. Drouhet ne voit pas le profit qu'en retire

rait la commune. Au lieu de subordonner son avis à la délimitation des pas géométriques, le Conseil n'avait qu'à voir si le tracé du chemin de fer était bon ou mauvais, ce qui n'était pas difficile; s'il donnait satisfaction à l'intérêt général. Il a, en outre, subordonné son avis à la question d'indemnité. Comment le Conseil peut-il être compétent à faire qu'il y ait ou qu'il n'y ait pas d'indemnité? Quoi qu'il dise, ce n'est pas son opinion qui viendra infirmer le droit des occupants.

Qu'il s'adresse donc à ceux qui sont chargés de juger cette question; mais il n'a pas à se faire juge lui-même. Il avait à examiner le tracé du chemin de fer, au point de vue de l'intérêt public, et non la délimitation, qui touche à beaucoup d'intérêts privés, mais qui sont primés par l'intérêt public.

En effet, s'il accepte une indemnité, dont tel autre ne voudra pas, l'un regardera le passage de la voie ferrée sur sa propriété comme un préjudice qui lui est porté, l'autre comme un avantage qu'il appelle de tous ses vœux. Du moment que les droits des tiers étaient réservés, celui de la commune, qui est aussi un tiers dans l'espèce, restait entier.

M. Cologon. — Quand la commune aurait entrepris de faire valoir ce droit, on aurait dit que c'était trop tard.

M. Drouhet. — Le Conseil général n'a infirmé en rien le droit des occupants; il n'a examiné le tracé, il le répète, qu'au point de vue de l'intérêt général, seul en cause dans une question de cette nature.

M. DE LESCOUBLE. — On a adopté un tracé qu'on ne connaissait pas.

M. DROUHET. — Le tracé passât-il sur l'hôtel du gouvernement, qu'il n'y aurait rien à y faire s'il était démontré qu'on ne peut le faire passer ailleurs. C'est à celui qui se trouve sur le tracé à défendre ses intérêts, si on lui cause un préjudice. Si la ville de Saint-Denis est lésée, elle ira devant les juges compétents. Si les occupants refusent l'indemnité qu'on leur a ménagée, ils sont libres de le faire. Encore une fois, le Conseil général n'a engagé les intérêts d'aucun tiers, attendu que s'il l'avait fait, sa décision serait nulle et de nul effet. Dire aujourd'hui à l'Administration de ne pas accepter le tracé, parce que la ville n'a pas donné son adhésion, c'est sûrement s'exposer à la voir répondre que cette question n'est pas de la compétence du Conseil municipal; qu'il existe un vote du Conseil général et qu'il n'y a pas lieu de s'arrêter à l'opposition d'un Conseil municipal. L'adhésion préalable des communes n'a été réservée que parce que le Conseil général ne pouvait donner gratuitement que ce qui appartient à la Colonie; elle ne s'applique nullement à l'acceptation par elles du tracé.

M. DE LESCOUBLE. — Que veut dire alors cette expression *sauf adhésion préalable des communes?*

M. DROUHET. — Cette expression signifie que la Compagnie ne pourra occuper gratuitement les terrains des communes que si elles y donnent leur adhésion. Si la gratuité lui est refusée, elle usera alors de son droit d'expropriation. On ne peut pas l'empêcher de passer, mais on peut l'obliger à payer une indemnité, si l'indemnité est due légalement. C'est ce qui ressort évidemment du texte. Toute la discussion roule sur une équivoque très-facile à dissiper.

Ici M. Drouhet donne lecture du § 3 de l'article 3 du cahier des charges et de la discussion qui a eu lieu au Conseil général, puis, continuant, il dit que l'on ne pouvait demander l'enquête parcellaire, avant que le tracé fût fait.

M. DE LESCOUBLE. — Nous ne savons pas si nous sommes propriétaires de nos rues.

M. DROUHET. — Agissez comme si vous étiez propriétaires, puisque vous voulez procéder, et opposez-vous à la cession gratuite.

M. DE LESCOUBLE. — La commune procédera pour les malheureux qui sont dans l'impuissance de se défendre.

M. DROUHET. — Ceux-là eussent été doublement malheureux, s'il ne leur avait fallu compter que sur le procès qu'on veut faire à leur intention.

M. MORAU. — La concession des rues de la ville ne saurait être faite sans l'adhésion du Conseil, voilà ce qui découle de cette stipulation : *sauf adhésion des communes, en ce qui les concerne, et acceptation du tracé par les pouvoirs compétents*

M. Drouhet. — Les communes, en ce qui concerne l'acceptation du tracé, ne sont pas au nombre des pouvoirs compétents. Comme les particuliers, elles ont le droit de réclamer une indemnité quand on passe chez elles. Si le Conseil municipal croit la délimitation mal faite, qu'il se pourvoie contre elle ; il n'y a pas prescription ; c'est l'action qu'il faut établir d'abord juridiquement. La deuxième proposition de M. Morau n'étant qu'une simple demande de renseignement ne fournit pas matière à procès. C'est dans la première que M. Drouhet voit un procès, un de ces mauvais procès qu'on est sûr de perdre, qu'une commune ne doit pas faire.

M. Morau. — Le tracé de 1875 a été modifié, le cahier des charges a été modifié ; le Conseil d'État cassera la décision du Conseil général.

M. Drouhet ajourne son collègue après la sentence du Conseil d'Etat pour voir qui a raison.

M. de Lescouble aime à croire que cette prédiction ne se réalisera pas ; il pense qu'elle n'est pas mieux fondée que toutes celles dont son collègue est assez prodigue.

M. Drouhet termine, en disant que le chemin de fer a été adopté régulièrement par le Conseil général, dans la plénitude des pouvoirs que lui confère le sénatus-consulte de 1866. Il n'y avait pas dans la circonstance obligation à consulter les conseils municipaux. Porter une question comme celle-là devant le Conseil d'Etat, c'est faire faire à la commune un mauvais procès. Relativement à l'autre proposition, l'Administration pourra répondre que, si des rues sont sur les pas géométriques, elles sont du domaine public : de là se pose la question des pas géométriques.

M. Drouhet conclut qu'un pourvoi comme celui qui est proposé ne peut avoir une issue favorable.

M. Morau tient à répondre à M. Drouhet sur une question qui lui est personnelle. Il a cru indispensable de déclarer, au commencement de la discussion des pas géométriques, qu'il n'était nullement intéressé dans la question, et il croyait l'avoir prouvé, en établissant que la voie ferrée ne pouvait l'atteindre. Mais cette déclaration n'a pas suffi à son collègue, qui prévoit que, dans l'avenir, la création du port pourrait l'intéresser, lui M. Morau. Cette observation lui permet de demander, à son tour, à M. Drouhet, s'il n'a eu aucune attache avec la Compagnie du port et du chemin de fer ; si, dans le présent, il n'a aucun intérêt dans cette opération ; s'il n'en attend rien dans l'avenir et si ce sont bien les intérêts de la commune qu'il défend ici. M. Morau ajoute qu'il n'a pas eu l'intention de faire un cours de droit ; il a voulu établir que, si des rues de Saint-Denis sont sur les pas géométriques, elles n'en sont pas moins la propriété de la ville, vu que, pour elles, l'arrêté du général Decaen ne peut avoir d'effet rétroactif. Quand son collègue a lu le texte de la délibération qui a eu lieu au Conseil général en 1875, M. Morau lui a fait considérer que ce n'était pas nécessaire, puisque tout était changé en 1878. Alors, il n'y avait qu'à voter : d'après les déclarations du commissaire du Gouvernement et celle du rapporteur, les mesures étaient prises pour assurer l'indemnité. Aujourd'hui on vient dire tout le contraire, on prétexte d'un décret d'utilité publique qui est intervenu, comme si les conventions entre parties pourraient en être modifiées. Plus d'indemnité ! et l'on voudrait que la commune n'employât pas le seul moyen de défense, la seule arme qui lui reste, le refus de son adhésion? Mais les droits de chacun sont réservés, dit-on. Comment les malheureux pourront-ils le faire valoir? Cette question portée devant le Conseil d'Etat n'a pas chance de succès, ajoute-t-on.

M. Morau a toute confiance, au contraire, dans la réussite. Le premier, il a jeté un cri d'alarme qui a été entendu en France; dans ce généreux pays, on s'est ému des excessives prétentions de la puissante Compagnie, qui, paraît-il, n'obtient pas là-bas tout ce qu'elle veut; certainement, le Ministre ne consentira pas à des spoliations.

M. de Lescouble dit que c'est justement pour éviter les procès à venir qu'on veut prendre les devants; que la commune, en défendant, dès à présent, ses intérêts, qui sont ceux des contribuables les plus malheureux, fera acte de bonne administration. Il faut qu'on n'attende pas plus longtemps pour être fixé sur la question de délimitation des pas géométriques, afin de savoir si certains terrains, entre autres des rues, sont, oui ou non, sur les réserves géométriques. Il faut encore que l'on sache si les premiers occupants de ces réserves doivent déguerpir sans indemnité, même lorsqu'ils ont édifié des constructions d'utilité publique. Il faut enfin que l'on sache si les rues de la ville sont du domaine public communal, comme le dit la loi, ou du domaine public colonial, comme on semble vouloir le soutenir. Toutes ces questions doivent être vidées, avant qu'on mette le pic sur le terrain de la commune. Voilà ce que M. de Lescouble appelle prévoir et éviter des procès à venir.

Il avait demandé la parole pour réfuter les arguments de M. Drouhet; mais il pense que son collègue M. Morau y a suffisamment répondu. Il ne dira donc qu'un mot au sujet de son rapport sur le tracé du chemin de fer, rapport qui n'aurait pas de conclusion, d'après M. Drouhet. Cependant la conclusion en est formellement énoncée: il ne suffit pas de dire à son contradicteur qu'il a tort, on doit le prouver et cette preuve ne peut se faire que par la discussion. Si son collègue veut discuter le rapport municipal sur le tracé du chemin de fer, M. de Lescouble est prêt à soutenir cette discussion.

M. Drouhet, contrairement à la déclaration de M. Morau qu'il est désintéressé dans les pas géométriques, dit qu'il est, lui, très-intéressé dans cette question. Il est vrai qu'il ne s'agit que d'un intérêt moral. M. Drouhet a voulu que tous les occupants lésés fussent indemnisés; aussi tous ses efforts ont-ils tendu à obtenir de la Compagnie une somme suffisante pour les indemniser tous; car il est de ceux qui croient qu'il y a des pas géométriques. Or, il est convaincu que la somme de 50,000 francs, demandée après expertise par le Conseil général, est largement suffisante. Cette solution lui a toujours paru et lui paraît encore préférable à des procès, dont le succès est loin d'être assuré.

M. MORAU est bien aise que son collègue n'ait eu qu'un intérêt moral dans la question des pas géométriques; mais ce n'est pas la seule question qu'il lui ait faite. Il va préciser. Il demande à son collègue de déclarer s'il n'a pas un intérêt matériel ou pécuniaire dans l'entreprise du port et du chemin de fer.

M. DROUHET dit qu'il ne répondra pas à cette question.

M. MORAU. — Cela me suffit, je prie M. le secrétaire de retenir cette réponse.

La clôture est prononcée.

La première proposition de M. Morau est mise aux voix par appel des noms, l'appel nominal étant demandé par M. Drouhet.

Ont voté pour :	*Ont voté contre :*
MM. Le Siner,	MM. Drouhet,
Morau,	Reydellet,
Cauvin,	Tandrya.
De Lescouble,	
Buroleau,	
Cologon,	
Rat.	

Le Conseil a adopté.

M. DROUHET déclare que son vote a été motivé par l'intention manifeste de se pourvoir judiciairement.

La deuxième proposition est mise aux voix.

10 votants.

Ont voté pour :

MM. Le Siner,
Morau,
Cauvin,
Reydellet,
De Lescouble,
Buroleau,
Cologon,
Rat.

Le Conseil a adopté.

MM. Drouhet et Tandrya se sont *abstenus.*

. . . .

Ont signé au procès-verbal :

Le Président,
LE SINER.

Le Secrétaire,
R. DE LESCOUBLE.

Typ. de Gabriel et Gaston Lahuppe
Rue du Conseil, 119 St-Denis.

www.ingramcontent.com/pod-product-compliance
Lightning Source LLC
LaVergne TN
LVHW010306230826
846091LV00007BB/2738

* 9 7 8 2 0 1 3 4 3 1 5 3 8 *